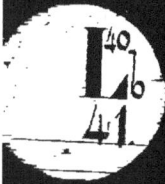

Lb_0^{+0} 41.

COMPTE RENDU

A L'ASSEMBLÉE GÉNÉRALE

DES REPRÉSENTANS

DE LA COMMUNE,

PAR M. AGIER,

Au nom du Comité de Recherches, le 30 Novembre 1789, & imprimé par ordre de l'Assemblée.

MESSIEURS,

ARRIVÉS à un point remarquable de la carrière que nous avons à parcourir, nous croyons devoir à l'Assemblée un compte succinct de nos travaux; & il est satisfaisant pour nous que ce compte, rendu dans votre première Séance publique, apprenne d'abord à nos Concitoyens ce que vous avez fait, ce que vous ne cessez de faire pour remplir une de vos principales obligations.

CHARGÉ par vous de la fonction honorable, mais délicate, de rechercher les trames

A

formées contre cette Ville & contre l'Etat; votre Comité a pensé qu'il étoit de son devoir indispensable de les scruter, de les démasquer toutes, sans distinction ni réserve, quels qu'en pussent être les Auteurs.

Et, en suivant cette conduite, il a cru appercevoir clairement trois natures différentes de complots.

L'une, qu'il faut attribuer au parti Aristocrate; & dans cette classe on doit ranger, soit le rassemblement de l'Armée autour de Paris & Versailles, qui a déterminé l'heureuse insurrection du mois de Juillet, soit le projet qui paroît avoir été formé depuis, de conduire ou d'emmener le Roi à Metz, en levant, pour cet effet, un Corps de Troupes considérable, sous le nom de *Gardes-du-Roi surnuméraires*, que l'on prétendoit opposer à la Garde-Nationale.

La seconde espéce de complots appartient à un autre parti; &, jusqu'à ce qu'une information juridique les ait pleinement dévoilés, il convient de tirer le rideau sur les attentats qui devoient en être le terme; vous pouvez seulement en juger par les abominables excès commis au Château de Versailles, dans la matinée du 6 Octobre, & que le Comité de Recherches s'est cru obligé de dénoncer.

La troisiéme espéce de complots paroît appartenir à tous les partis à la fois, & elle com-

prend tous les genres de manœuvres successi=
ment employées pour émouvoir ou inquiéter
le Peuple, tels que le marquage des maisons,
les faux bruits, les Ecrits séditieux, les motions
incendiaires, & sur-tout les trames relatives à
nos subsistances, tant à Paris qu'au dehors.

Tels sont les divers complots qui ont dû
fixer l'attention de votre Comité; & puissent
ses efforts avoir répondu à votre attente!

Nous avons été secondés dans nos travaux
par les Membres de cette Assemblée, par tous
les bons Citoyens, par les Comités & Officiers
de plusieurs Districts; les renseignemens nous
sont venus, pour ainsi dire, de toutes mains:
mais, au milieu de cette espèce d'abondance,
nous avons été obligés, plus d'une fois, de re-
connoître que nos moyens étoient insuffisans,
particulièrement en deux points.

L'un, est le manque d'*Observateurs*, espéce
d'armée qui étoit aux ordres de l'ancienne
Police, & dont elle faisoit un si grand usage.
Si tous les Districts étoient bien organisés, si
leurs Comités étoient bien choisis & peu nom-
breux, nous n'aurions vraisemblablement aucun
sujet de regretter la privation d'une ressource
odieuse, que nos oppresseurs ont si long-temps
employée contre nous. Mais il s'en faut de
beaucoup que les Districts & leurs Comités

soient parvenus à cet état d'une organisation parfaite; &, en rendant sur cet objet à plusieurs la justice qui leur est dûe, nous sommes fâchés de ne pouvoir pas étendre ce témoignage à un plus grand nombre.

Le second obstacle que nous avons rencontré dans nos travaux, vient de cette mauvaise délicatesse, reste de nos anciennes mœurs, qui fait qu'on rougit de déclarer ce que l'on sait, même lorsqu'il est question du salut de la Patrie; & cette fausse pudeur (pourquoi faut-il que je l'avoue ?) nous l'avons trouvée jusques dans des Hommes respectables, que leurs fonctions semblent dévouer plus particulièrement au Bien Public.

Qu'il soit permis de le dire, Messieurs; il est temps de déposer ces préjugés, qui ne conviennent qu'à des Esclaves, & sont indignes d'un Peuple libre. Autrefois on abhorroit le personnage de *Délateur*, & l'on avoit raison; car à quoi aboutissoient les délations ? A faire connoître des actions souvent très-innocentes, quelquefois même vertueuses, & à livrer le prétendu coupable, ou au Pouvoir arbitraire, ou à une Justice presque aussi redoutable aux gens de bien, partiale dans son instruction, cruelle dans ses moyens, secrette & impénétrable dans sa marche. Aujourd'hui tout est changé. Ce ne sont plus des actes de vertu ou des démarches indifférentes qu'il s'agit de dénoncer, mais des complots funestes à la Patrie; & le but des dénonciations, quel est-il? ce n'est point de perdre obscurément la personne dénoncée, ou de compromettre son existence, mais de l'amener devant ses Pairs, pour y être examinée sur-le-champ; renvoyée, si elle se trouve innocente, ou, dans le cas contraire, livrée à la Justice, mais à une Justice humaine, publique, impartiale, qui ne peut être terrible qu'aux malfaiteurs. Cessons donc d'appliquer, par une fatale prévention, au temps actuel ce qui n'appartenoit qu'à l'ancien régime, & ne déshonorons pas le règne de la Liberté, par les flétrissures de l'Esclavage. Le silence, en matière de délation, est vertu sous le Despotisme; c'est un crime, oui, c'en est un, sous l'empire de la Liberté.

Ces obstacles ont nécessairement ralenti les opérations de votre Comité de Recherches: mais il en a triomphé par sa persévérance; &, malgré son défaut de moyens, il croit, en ce moment, tenir les principaux fils des conspirations tramées contre la tranquillité publique.

VOICI l'état de tous les Procès actuellement soumis au Tribunal National, & dénoncés par M. le Procureur-Syndic, au nom de la Commune.

Le premier est celui du Prince *de Lambesc*, dénoncé par ordre exprès de l'Assemblée.

Vous avez sçu la mauvaise direction que prenoit d'abord cette affaire. Quinze témoins oculaires avoient été entendus, qui tous déposoient de l'assassinat commis dans les Tuileries, par le Prince *de Lambesc*; mais aucun ne disoit le connoître personnellement, & tous se bornoient à déclarer qu'on leur avoit dit que le Particulier, auteur du crime, étoit le Prince *de Lambesc*. De-là, le premier Décret décerné, il y a trois semaines, contre un *Quidam qu'on dit être le Prince de Lambesc*.

Votre Comité a été informé de cette indétermination, & de sa cause; il a craint que le Public ne fût privé d'un exemple utile. Aussitôt il a multiplié les recherches; &, grâce au zéle des Citoyens, il est parvenu à en découvrir un fort grand nombre qui, connoissant antérieurement le Prince *de Lambesc*, lui avoient vu commettre le délit dont il est accusé. Vingt-cinq de ces nouveaux témoins ont déjà été entendus; &, sur leurs dépositions, il a été rendu, il y a huit jours, un Décret de prise-de-corps, décerné nominativement contre le Prince *de Lambesc*. Vingt-cinq autres témoins sont encore à entendre: on nous en indique, tous les jours; & nous n'en négligeons aucun, pour rassembler, dans cette affaire, toute la masse de preuves dont elle est susceptible. On a sursis, pour le moment, à l'audition de ces derniers témoins, afin de ne pas retarder le cours de la Procédure; lorsque la contumace sera instruite, ces témoins seront entendus dans une Addition d'Information.

Nous devons, à ce sujet, observer que nos recherches nous ont fait voir le Prince *de Lambesc* plus coupable qu'on ne le croyoit. La voix publique n'avoit désigné qu'un Particulier assassiné dans les Tuileries, par le Prince *de Lambesc* (le sieur *Chauvel*, Maître de Pension, âgé de 64 ans, demeurant rue Montmartre, passage du Saumon). Mais ce Citoyen n'est pas le seul qui ait ressenti les effets de la férocité du Prince *de Lambesc*; il en a sabré également plusieurs autres; il a déchargé sur d'autres ses pistolets; ses Cavaliers, en sa présence & par ses ordres, se sont livrés à des excès semblables.

Il y a plus, & nous avons appris que le Prince *de Lambesc*, en fuyant avec sa Troupe, après la prise de la Bastille, a commis, dans une Ville voisine, un autre acte de barbarie, qui suffiroit seul pour fonder une Plainte en Assassinat. Nous avons envoyé sur les lieux, pour vérifier le fait; nous attendons incessamment le résultat de cette recherche.

Par cet Exposé, Messieurs, vous voyez qu'il

eft difficile que le coupable échappe à la vengeance des Loix.

Le second Procès pourfuivi devant le Tribunal National, fur la Dénonciation de la Commune, eft celui du Baron *de Béfenval*.

Quoique l'Affemblée eût manifefté, depuis long-temps, le vœu que le Baron *de Béfenval* fût conduit à Paris, il y a été amené, pour ainfi dire, à l'improvifte, & fans que le Comité en fût prévenu. Il a fallu préparer à la hâte les matériaux de l'inftruction, & rien n'a été omis pour les raffembler. Vous nous avez autorifés à compulfer les Papiers recueillis en grand nombre par les Electeurs, & nous y avons trouvé beaucoup de renfeignemens utiles. En même temps, nous-nous fommes adreffés au Miniftre de la Guerre, pour avoir communication des ordres donnés par fon prédéceffeur; & nous l'avons obtenue, du moins en partie. Nous-nous fommes fait délivrer des Expéditions des deux Lettres originales de M. *de Béfenval*, interceptées par le Diftrict de S.-Gervais. Nous avons cherché à tirer un réfultat de tous ces documens.

Mais, en les combinant, il nous a femblé qu'on envifageoit l'affaire d'une manière bien imparfaite, fi l'on ne vouloit y voir que le Baron *de Béfenval*, & fes deux Lettres relatives à la Baftille. Nous y avons apperçu la preuve générale d'un Complot formé contre Paris & contre l'Assemblée-Nationale, dont le rassemblement des Troupes, & les différens ordres donnés n'étoient que l'exécution ; & c'est sous ce point de vûe, plus étendu, que nous avons présenté l'affaire.

En l'envisageant ainsi, nous avons été conduits à dénoncer, non seulement le Baron *de Besenval*, mais M. *Barentin*, ci-devant Garde des Sceaux ; le Comte *de Puységur*, ci-devant Sécrétaire d'Etat au Département de la Guerre ; le Maréchal *de Broglie*, Commandant-Général, & le Marquis *d'Autichamp*, Major-Général de l'Armée, tous comme ayant eû une part, plus ou moins directe, à la Conspiration dont nous avons failli être les victimes.

Au sujet du Comte *de Puységur*, nous devons dire quelque chose à l'Assemblée, d'une Lettre de cet ex-Ministre, qu'elle nous a renvoyée pour lui en rendre compte.

M. *de Puységur* n'est probablement pas le plus coupable, entre les cinq personnes qui ont été dénoncées. Non-seulement il n'étoit pas ce qu'on appelle proprement *Ministre*, c'est-à dire qu'il n'entroit pas au Conseil d'Etat ; mais, qu'elles qu'aient été ses vûes, il paroît ne s'être prêté qu'avec une sorte de répugnance à l'exécution des dernières résolutions qui ont été prises ; ce qui avoit déterminé sa retraite, dès l'époque du

11 Juillet. Sur la nouvelle qu'il étoit dénoncé, il a quitté auſſi-tôt ſon Gouvernement, quoique malade, & s'eſt empreſſé de venir à Paris, pour y rendre compte de ſa conduite; il a informé M. le Maire de ſon arrivée : ce procédé franc & loyal, eſt propre, ſans doute, à lui concilier l'eſprit de ſes Juges, & même de ſes Dénonciateurs. Il reſte contre le Comte de *Puyſégur*, le fait conſtant des ordres par lui ſignés, en ſa qualité de Secrétaire d'Etat, pour le raſſemblement des Troupes; & c'eſt au Châtelet de décider juſqu'à quel point ces Signatures l'ont rendu répréhenſible.

En deux mots, vous voyez à quoi cette affaire ſe réduit; elle préſente un point de Fait & un point de Droit.

Le point de Fait eſt notoire. On a tenté, dans la Séance du 3 Juin, de renverſer tous les droits de la Nation; &, pour aſſûrer l'effet de cette violence, on a raſſemblé une armée autour de Verſailles & de Paris, afin d'en impoſer tout à-la-fois & aux Repréſentans de la Nation & aux Habitans de la Capitale. On s'eſt ſervi de cette armée contre l'Aſſemblée-Nationale, en la tenant captive dans le lieu de ſes Séances, dont on lui avoit ôté juſqu'à la Police, afin d'en interdire l'utile publicité, & d'empêcher la réunion des trois Ordres; on s'eſt ſervi de cette armée contre

Paris, témoins l'irruption violente dans les Tuileries & le siége meurtrier de la Bastille. Voilà des faits qui ne peuvent pas être déniés, & assurément ils sont condamnables.

Mais peut-on en faire un crime aux Agens du Pouvoir, lorsque le Décret qui les déclare responsables, n'a été rendu que le 13 Juillet, & n'a pas même été publié dans la forme légale ? Voilà le point de Droit.

Nous croyons que, malgré la date du Décret, & le manque de solemnité dans sa publication, les Agens du Pouvoir n'en sont pas moins coupables d'avoir exécuté les ordres rigoureux qu'ils avoient reçus; que la responsabilité n'a été que déclarée, & non pas établie par le Décret du 13 Juillet; qu'elle a son fondement dans des Loix antérieures, & dérive de la Nature même du Contrat Social. Les ordres de la Cour n'excusoient pas les assassins qui ont commis le massacre de la S.-Barthélemy; ils n'ont pas excusé l'Avocat général Guérin, auteur des sanglantes exécutions de Cabrières & Mérindol, qui, malgré des Lettres-Patentes du Roi François I, qu'il croyoit lui servir d'égide, a porté sa tête sur l'échafaud. Pourquoi donc, dans l'affaire du mois de Juillet, les Agens Civils & Militaires de l'Autorité se mettroient-ils à couvert de la poursuite des Loix, en prétextant les ordres qu'ils ont reçus ?

Voilà nos principes ; voilà notre thèse. C'est au Tribunal de la Nation à prononcer.

Un troisiéme Procès actuellement pendant au Tribunal National, sur la poursuite de la Commune, est celui du sieur *Augeard*, auteur d'un projet pour conduire le Roi à Metz.

Un Mémoire dicté par le sieur *Augeard*, & corrigé de sa main, forme la base de cette accusation.

Le sieur *Augeard* prétend que ce Mémoire est sa pensée, & ne peut pas conséquemment servir de matière à un Procès. Il auroit raison, si le fait étoit vrai ; *nemo cogitationis pœnam patitur*. Mais peut on dire que le Mémoire du sieur *Augeard* n'ait été que sa pensée ; lorsque ce Mémoire même annonce qu'il avoit communiqué son projet à une personne de considération, en lui remettant par écrit l'Itinéraire qu'il prétendoit faire suivre à S. M. ?

Quoique ce Mémoire eût pu paroître suffisant pour opérer la condamnation du sieur *Augeard*, on n'a pas cru devoir négliger le secours de l'Information. On a fait assigner divers Témoins ; ils sont éloignés ; & cette seule circonstance empêche que la Procédure ne soit plus avancée.

Un quatriéme Procès dénoncé, sous le nom de la Commune, au Tribunal National, est celui des *Enrôlemens*, dans lequel se trouvent impliqués l'Abbé *Douglas*, le sieur du *Reynier*, & plusieurs autres.

Il n'est que trop constant que, pour favoriser la conduite du Roi à Metz, on avoit entrepris de lever un Corps de Troupes, sous le nom de *Gardes-du-Roi-surnuméraires*, probablement ainsi appellés par opposition à nos Gardes-Nationales. L'Abbé *Douglas* & Compagnie étoient les Recruteurs de cette armée; le Comte d'*Astorg*, Officier aux Gardes-du-Corps, recevoit les déclarations des enrôlemens : Il est en fuite, & là se rompt le fil de cette conspiration.

L'Abbé *Douglas*, le Chevalier du Reynier, & deux autres, ont été décrétés de prise de corps, par le Châtelet, Vendredi dernier; il est à présumer que leurs interrogatoires indiqueront d'autres Coupables.

Le cinquième Procès pendant au Tribunal National, & dénoncé sous le nom de la Commune, est celui du Chevalier *de Rutledge*, qui, en annonçant une mission du Gouvernement, qu'il n'avoit pas, faisoit venir les Boulangers, recevoit leurs soumissions, & leur promettoit un prêt de deux à trois millions pour acheter des Grains; prêt bien plus avantageux, disoit-il, que celui offert aux mêmes Boulangers par la Commune, sous caution, suivant lui, & à gros intérêt.

Le Chevalier de *Rutlidge* est encore Auteur, ou Coopérateur, de différens Mémoires, imprimés sous le nom de la Communauté des Boulangers, qui ont causé le plus grand scandale ; il a été question de lui plus d'une fois dans cette Assemblée.

Son Procès avoit d'abord été porté devant le Juge ordinaire, qui est le Lieutenant-Criminel du Châtelet ; mais il a paru tenir au crime de lèse-Nation ; &, en conséquence, il vient d'être renvoyé devant le Tribunal National, c'est-à-dire le Châtelet même, tous les Services assemblés, & présidé par le Lieutenant Civil.

Un sixiéme Procès, également pendant à ce Tribunal, sur la dénonciation de la Commune, est celui du nommé *Deschamps*, prévenu d'être allé chez les Fermiers pour les engager à ne pas battre leurs Grains, & à ne point les porter au Marché.

Ce délit avoit encore été déféré au Tribunal ordinaire ; mais il vient d'être renvoyé, comme le précédent, au Tribunal National.

Le dernier Procès pendant au Tribunal National, sur la poursuite de la Commune, est celui relatif aux attentats commis dans le Château de Versailles, le 6 Octobre. La dénonciation vient d'en être formée ; vous avez entre les mains l'Avis du Comité qui en détermine l'objet ; &, quant aux détails, il n'eſt pas encore temps de les dévoiler au Public.

Je me contenterai de dire que, ſi les autres délits portoient atteinte à notre ſûreté, celui-ci a compromis un autre intérêt qui nous eſt plus précieux encore, celui de notre honneur, l'honneur de cette Capitale, indignement calomniée dans les Provinces, & juſques dans les Nations Etrangères.

Il importe qu'on ſache à qui l'on doit imputer les attentats commis à Verſailles dans la matinée du 6 Octobre ; quel en étoit le but, & principalement combien ils ſont étrangers aux bons Habitans d'une Ville renommée dans tout l'univers par ſon reſpect pour ſes Rois, & qui, après avoir manifeſté ce ſentiment dans tous les âges de la Monarchie, n'auroit garde de l'affoiblir ſous le régne d'un Prince ſi digne de ſa ſoumiſſion, de ſa reconnoiſſance & de ſon amour.

Tels ſont, Meſſieurs, les objets dont nous avions à vous entretenir.

Après avoir préparé, par nos recherches, l'inſtruction des Procès fournis au Tribunal National, nous-nous propoſons de ſuivre cette inſtruction. On doit nous donner des Copies de tous les Interrogatoires, de toutes les Informations qui ont été faites, & de celles qui ſont à faire; nous affisterons, autant qu'il nous fera possible, à toutes les Séances publiques de la Procédure; en un mot, nous ne négligerons aucun moyen pour tâcher d'opérer la conviction des Coupables, & procurer à la Justice un triomphe éclatant. Heureux si, par nos travaux, nous pouvons contribuer à rétablir l'ordre public, & à assûrer le repos de nos Concitoyens!

Nous n'ignorons pas que nos fonctions, désagréables pour nous-mêmes, ne sont pas vues de bon œil par ceux qui peuvent les redouter; nous savons qu'elles nous exposent à des haines & à des inimitiés puissantes, dont l'obscurité d'une vie privée sembloit devoir nous garantir.

Mais à Dieu ne plaise qu'une pareille crainte nous fasse jamais oublier nos devoirs! Vous nous avez confié vos plus chers intérêts, votre sûreté, l'honneur de cette Capitale, le salut de la Patrie; voilà les grands objets qui nous occupent; &, quoi qu'il puisse arriver, ce seront toujours les seuls que nous appréhendions de compromettre.

De l'Imprimerie de LOTTIN *l'aîné*, & LOTTIN *de S.-Germain*, rue S.-André-des-Arcs, N° 27.

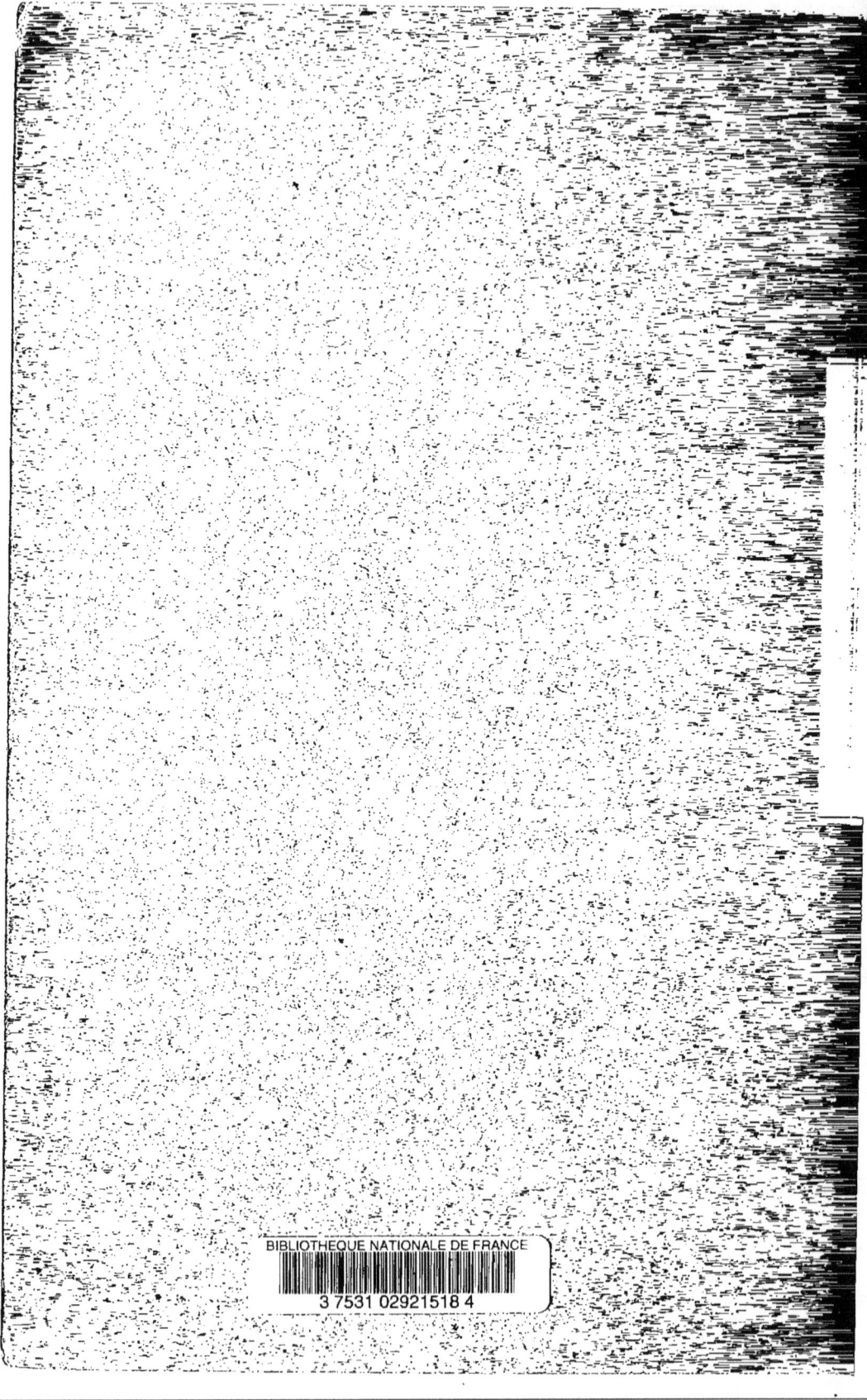

www.ingramcontent.com/pod-product-compliance
Lightning Source LLC
Chambersburg PA
CBHW060933050426
42453CB00010B/1982